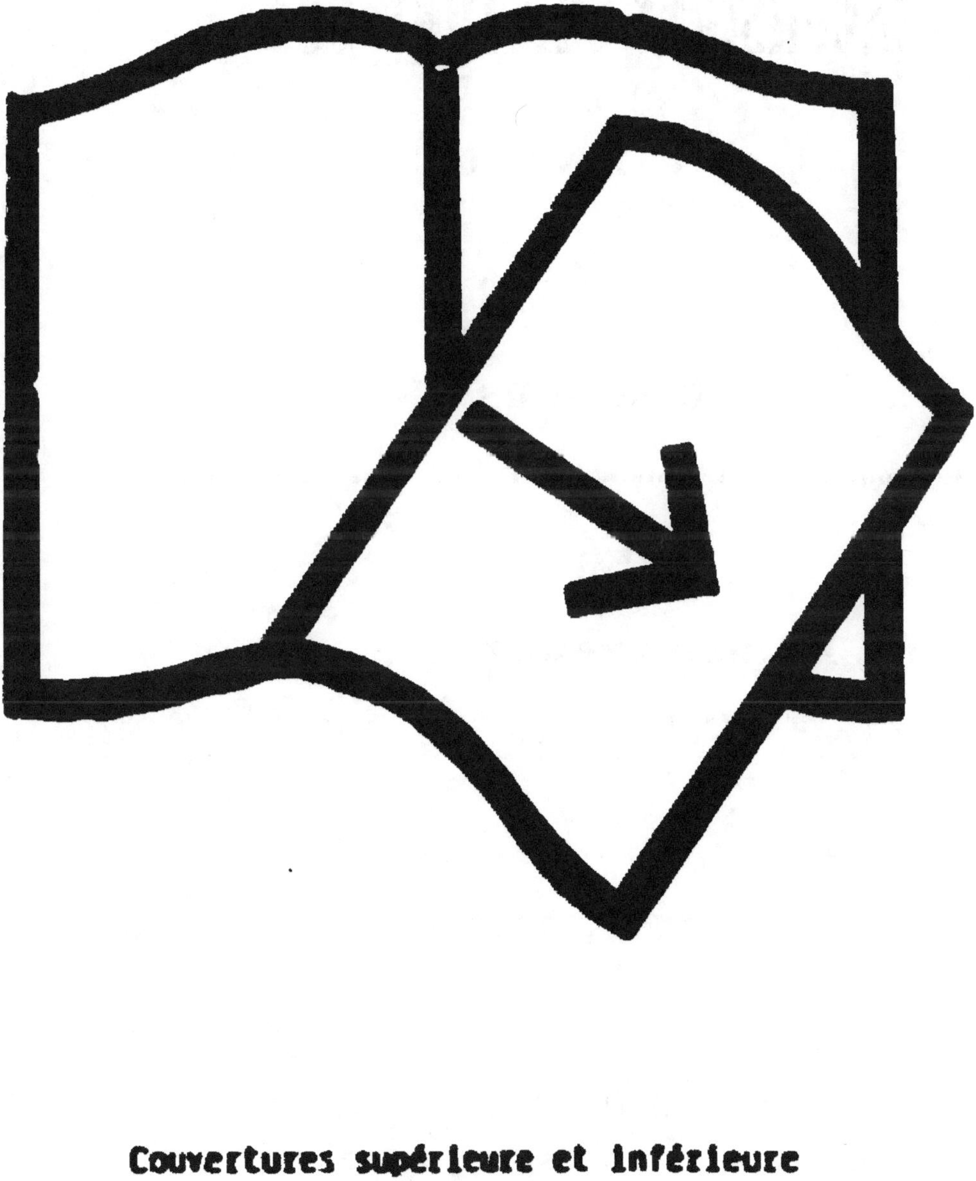

Couvertures supérieure et inférieure
manquantes

EXCURSIONS HISTORIQUES

EN ANJOU

DISCOURS

Prononcé à la distribution des prix du Lycée d'Angers

PAR

Paul LEHUGEUR

PROFESSEUR AGRÉGÉ D'HISTOIRE AU LYCÉE, A L'ÉCOLE SUPÉRIEURE
ET A L'ÉCOLE NORMALE D'ANGERS

ANGERS

IMPRIMERIE LACHÈSE ET DOLBEAU
13, Chaussée Saint-Pierre, 13.

1880

MESSIEURS,

Ce soir le lycée sera vide : vous vous serez envolés à tire-d'aile comme des oiseaux dont s'ouvre la cage : les uns fuiront vers les plages de l'Océan ; d'autres vers les montagnes bleues, les glaciers, les lacs, les forêts, les cascades ; quelques-uns franchiront la mer ; celui-ci est attendu à Londres ; celui-là s'aventurera jusqu'en Afrique, où il retrouvera une nouvelle France.

Je lis sur vos visages votre impatience ; vous vous demandez avec inquiétude si je retarderai longtemps l'heure de votre liberté. Il est naturel que vous songiez au départ plus qu'au retour. Depuis des mois vos projets sont conçus et mûris : encore quelques mains à serrer, une valise à boucler, un billet à prendre, et vous partez. Vous ne tenez pas en place : vous comptez les minutes après avoir compté les jours ; vous aspirez d'avance les senteurs marines ou l'air pénétrant des forêts alpestres, et votre cœur bat de plaisir comme si vous vous trouviez déjà en face des merveilles de la nature.

Mais vous n'allez pas tous en lointain pays. Beaucoup resteront à Angers ou aux environs, et leur voyage d'aujourd'hui se bornera à aller du Lycée à la maison paternelle. Ceux-là ne sont pas les plus mal partagés, et ils peuvent sans amertume voir les autres s'éloigner. C'est que l'Anjou, sans posséder ni plage ni montagne, est un des plus beaux pays de la France et du monde : je dirais le plus beau, si j'étais angevin.

Un pays est beau quand il présente aux yeux de sublimes ou de gracieux spectacles, la mer immense, la montagne énorme, la forêt profonde, les riants bocages, l'horizon vaste et le ciel bleu. Un pays est beau aussi quand il rappelle à l'esprit et au cœur de glorieux et chers souvenirs, quand il évoque devant nous l'image sacrée de nos pères, quand il nous parle de ces grandes choses qui ont fait leur vie comme elles font la nôtre, de patrie et de dévouement, de justice et d'amour, de religion et de liberté.

Aujourd'hui l'unité est faite en France ; mais si les vieilles provinces ont été supprimées officiellement, les départements, divisions administratives créées par décrets, n'ont pas détruit ces unités vivaces, et les *pays* ont conservé jusqu'à nos jours une sorte d'existence morale dans la mémoire et dans le cœur des hommes. Oui, les Français d'aujourd'hui sont avant tout des Français, mais quel est le Breton, le Franc-Comtois ou le Lorrain qui renierait sa patrie bretonne, franc-comtoise ou lorraine ? Quel est l'Angevin qui renierait sa patrie angevine ?

L'Anjou est une des plus petites provinces de la

France, mais c'est une de celles dont les annales sont le plus remplies : on trouve son nom à toutes les pages de notre histoire nationale ; on le retrouve dans les histoires d'Angleterre, des Deux-Siciles et de Jérusalem. La plupart des chroniqueurs et des historiens de l'Anjou, — surtout les Angevins, — se complaisent à mettre en parallèle l'étendue de ce petit pays, et le grand rôle qu'il a joué : un d'entre eux, le moine Barthélemy Roger, vraisemblablement petit de taille, s'en glorifie ingénument : « Les petits vases, dit-il, et les petits corps sont « d'ordinaire les plus précieux ; en petit buisson grand « lièvre trouve-t-on. »

L'Anjou a pris une part active à tous les grands évènements qui composent la vie de la France ; ses institutions successives sont de celles qui ont atteint leur complet développement, et dont l'étude est le plus féconde. L'Anjou est une petite France : on y peut suivre la conquête romaine, la naissance du christianisme, l'invasion germanique, la féodalité dans toutes ses phases, la guerre de cent ans et toutes ses misères, les progrès de la royauté, la Renaissance et la Réforme, les guerres civiles et religieuses, les mouvements de la Fronde, la grandeur et la décadence de l'ancien régime, et la Révolution tout entière. Qui connaîtrait à fond l'histoire de l'Anjou, serait bien près de savoir celle de la France.

Élèves du Lycée d'Angers, étudiez l'histoire de votre pays ; enfants de l'Anjou, parcourez les campagnes angevines. L'Anjou est riche en souvenirs des siècles passés : là s'est livrée une bataille ; là sont morts des hommes de cœur ; là se dresse un château, une église, un mur ; là se cache une ruine ; ici la ruine elle-même a péri, mais il nous reste une légende, un souvenir, un nom. Chaque époque, vous le savez, se révèle dans ses édifices, et les marque d'une ineffaçable empreinte. Ces précieux débris ne sont pour beaucoup que de vieilles pierres : ils ne disent rien à l'esprit grossier, au cœur vulgaire, à l'imagination stérile, et leur langage, pour être compris, a besoin d'être étudié comme celui de la peinture ou de la musique. Vous qui appréciez les jouissances délicates de l'esprit, soyez assez artistes et assez poètes pour aimer la ruine expressive comme vous aimez le dessin, la couleur et l'harmonie. Sans doute je ne vous invite pas à tressaillir, à frissonner, à verser des pleurs : le temps n'est plus où l'on évoquait sérieusement les nymphes et les fantômes ; on n'interroge plus les échos, on ne prend plus à témoin la muraille grimaçante, le lierre grimpant, le hibou plaintif ; le goût n'est plus aux phrases vides et sonores : ne les regrettez pas, mais ne fuyez pas l'émotion qui les dictait quelquefois ; tâchez de vous faire par l'imagination les contemporains de vos pères ; ayez l'intelligence ouverte et hospitalière, et revivez le passé, sans rien relâcher des liens étroits qui vous unissent à votre patrie et à votre temps.

Si vous ne craignez pas de remonter au déluge, il vous arrivera de songer à l'Anjou préhistorique, ou plutôt à la région sauvage qui devait s'appeler l'Anjou dans l'histoire : ne cherchez pas dans les vieilles chroniques si vous êtes les descendants de Francus, les petits-fils d'Ésaü ou les arrière-cousins de Job, mais allez voir ces énormes pierres qui se dressent dans nos champs, les dolmens de Saumur ou de Gennes, les menhirs, les roulers, les cromlechs, les galgals si nombreux sur le sol angevin, et asseyez-vous auprès de ces blocs mystérieux, alors que les rayons du soleil couchant en rehaussent encore le relief, et en dessinent sur la terre l'ombre gigantesque. Ces monuments, bien antérieurs aux Druides, sont les vestiges de la population primitive, qui campait au fond des forêts ou au bord des rivières, occupée sans cesse à défendre sa vie misérable contre les gros animaux aujourd'hui disparus.

Les Gaulois, relativement modernes, nous ont laissé des enceintes fortifiées, vastes refuges pour les jours d'alarme. Allez voir près de Trèves les talus de Chenehutte, et tout près d'ici cette longue levée qui va de la Baumette jusqu'à l'Authion, et qu'on appelle vulgairement le camp de César, bien que le conquérant des Gaules n'en soit pas plus l'architecte qu'il n'est l'auteur de l'injurieux dicton « Andegavi molles », mollesse angevine.

Nous ne possédons que la dernière page de l'histoire de l'Anjou gaulois : les Andes comptent parmi les ennemis les plus acharnés des Romains : ils ne désespèrent pas de la patrie, ils tombent les derniers et reçoivent les dernières blessures. Lisez César, et cherchez dans les environs des Ponts-de-Cé le lieu de la grande bataille où a succombé le premier héros angevin, Dumnacus, émule de Vercingétorix.

Aimez ces grands patriotes, dont vous êtes les fils, mais ne haïssez pas les Romains, dont vous êtes les élèves. La civilisation de Rome séduisit les Andes comme tous les Gaulois : ils devinrent des Gallo-Romains, c'est-à-dire des Romains, et pendant cinq siècles le patriotisme angevin consista à aimer Rome. Cette période de notre histoire est obscure, mais les monuments parlent alors que les textes se taisent, et l'Anjou garde des traces éloquentes de cette brillante civilisation : on a reconnu à Angers même des restes de cirques, d'arènes, de bains, d'aqueducs, des mosaïques, des poteries, des statuettes, de menus objets. Entrez au musée archéologique, un jour que vous ne pourrez aller plus loin : vous ne regretterez pas votre visite. Quand vous passerez dans la rue Toussaint, cherchez à découvrir la muraille romaine qui se cache derrière les maisons, et représentez-vous la cité romaine avec son enceinte flanquée de tours, ses édifices publics et privés, son temple de Jupiter, son palais curial et son Capitole devenu l'Évêché. Allez voir à Frémur ce qui nous reste d'une villa romaine, à Gennes ce qui subsiste d'une ville entière : ce qu'aucun historien ne nous révèle, les pierres nous le montrent : là au milieu d'un bois mystérieux se cache sous le vert feuillage et sous les herbes touffues le squelette d'un cirque immense : aujourd'hui les gradins paraissent une colline ronde, les couloirs des fossés, et l'arène une clairière, mais les pierres sont là sous leur linceul de verdure, et il suffit pour les toucher de remuer quelques feuilles mortes. Si vous êtes portés à la méditation, asseyez-vous sur ces ruines comme l'angevin Volney sur les ruines de Palmyre, et méditez sur l'écroulement des empires et sur la vanité des choses humaines : jadis une multitude vivante animait cette enceinte aujourd'hui solitaire, et ces lieux où règne un silence de mort retentissaient du fracas des jeux et des frémissements de la foule.

Transportez-vous ensuite au temps où le christianisme vint régénérer cette société matérielle, où de glorieux apôtres, saint Florent, saint Maurille, saint Aubin et saint Maur prêchèrent en Anjou la bonne nouvelle, firent oublier aux hommes les misères du présent pour les tourner vers la foi qui console, et relevèrent ces deux déshérités de la société antique, l'esclave et la femme. Visitez les premiers berceaux du christianisme en Anjou, Saint-Florent-le-Vieil, Cunaud, Saint-Maur, et rappelez-vous que ces monastères primitifs ont été l'asile de petites sociétés honnêtes et laborieuses auxquelles l'agriculture, l'industrie, les arts et les lettres, la civilisation en un mot, a dû d'être relevée, ou plutôt de ne pas périr.

Mais l'Église ne pouvait qu'atténuer les maux de cette période troublée : longtemps l'Anjou est en proie à l'invasion et à l'anarchie; les Normands surtout mettent le pays à feu et à sang : alors apparaît un homme au cœur vaillant, au bras de fer, qui poursuit les brigands, dégage l'Anjou, mais succombe à la tâche; n'allez pas à Brissarthe sans songer à Robert-le-Fort, qu'on appelle aussi Robert l'Angevin, un des bons génies de la France, figure idéale, héros sans ancêtres, qui a été l'ancêtre de la grande dynastie française.

A la faveur de ces guerres incessantes, le régime féodal pousse dans le sol angevin de profondes racines : la société ne subsiste qu'en se tenant sur le pied de guerre : tout homme n'échappe à la mort qu'en étant prêt à la donner; toute maison au pillage qu'en s'entourant de remparts et de fossés profonds : tous les promontoires de la Loire se hérissent de forteresses; tout seigneur choisit dans ses domaines une colline inaccessible sur le bord d'un étang ou d'un ravin : il y construit des murailles massives, il y élève des tours énormes, il y creuse des souterrains immenses : les paysans trouveront là un abri pour eux et pour leurs troupeaux. Pendant des siècles le château c'est le salut, et le châtelain le sauveur; mais peu à peu le seigneur oublie l'origine des liens féodaux : il profite de sa force pour satisfaire sa haine et son ambition; la féodalité de protectrice et de bienfaisante se fait offensive et tyrannique : la patience du vilain se lasse : il s'agite sous le joug qui l'accable, et maudit maintenant les donjons et les bastilles.

La Révolution dans sa colère a détruit beaucoup de ces châteaux : l'Anjou est un des pays qui en ont conservé le plus : Angers a celui de saint Louis; la campagne a ceux de Foulques Nerra ou ceux qui leur ont succédé. Tout coin de l'Anjou a sa ruine féodale, mais c'est à Pouancé qu'il faut chercher la grande forteresse, avec sa double enceinte et ses puissantes défenses : contemplez ces remparts épais, ces tours hardies, ces larges fossés, aujourd'hui chaos de vieilles pierres, de lierres et de ronces d'où s'échappent des corbeaux. Si vous aimez les émotions fortes, allez à Chantocé, à l'heure où le jour commence à baisser : considérez ces tours éventrées qui semblent maudites, parcourez ces noirs souterrains qui semblent mener à l'Enfer, pénétrez dans ces cavernes sinistres où l'on croit marcher sur des ossements, et évoquez l'ombre de Gilles de Retz.

N'oubliez pas que ces châteaux tant redoutés furent la suprême armure de la France pendant la guerre de cent ans : tous portent la trace d'assauts ou d'incendies qui sont la marque des Anglais. Si vous allez à Baugé, étudiez à l'avance l'histoire de cette période funeste : votre voyage doublera d'intérêt si vous voyagez avec des souvenirs; vous ne passerez pas avec indifférence à Beaufort qui vous rappellera Duguesclin; à Vieil-Baugé vous voudrez visiter le *Champ de Bataille*, où, grâce à des Angevins, la France prit sa première revanche d'Azincourt : on vous racontera dans le village que le sang des Anglais fit tourner les moulins à eau pendant trois jours et pendant trois nuits : vous sourirez de la légende, mais vous serez fiers de l'histoire.

Le patriotisme était né. Les Anglais vaincus, l'Anjou se releva de ses misères, et les bienfaits du bon roi René le dédommagèrent de ses longues souffrances. René a tous les droits à votre affection : il fut artiste, il fut bon, il fut malheureux. Il faut vous le représenter soit dans un de ses châteaux somptueux, à Angers, à Saumur, à Baugé, à Beaufort, entouré de peintres, de poëtes, de musiciens, d'artistes de toute sorte qui lui composent une cour brillante, soit dans une de ses retraites champêtres, à la Baumette, à Reculée, à Epluchard, à la Ménitré, tout entier à sa tendresse pour sa femme Jeanne de Laval. Les hommes d'alors, fatigués des longues guerres, éprouvaient le besoin de respirer : la noblesse étouffait dans ses cuirasses et dans ses donjons ; René, intrépide soldat, garda la cuirasse et resta le modèle de la chevalerie, mais il sortit de ses donjons, et la Renaissance pénétra avec lui en Anjou. Vous savez comment Louis XI lui enleva son duché, et comment René, en refusant de combattre son roi, contribua à fonder l'unité française. Contemplez à Angers la belle statue de René, le chevalier artiste, et allez à Béhuard regarder curieusement le portrait authentique de Louis XI, à l'œil vif, à la bouche pincée et au mauvais sourire.

Réuni à la couronne, l'Anjou n'est plus qu'une province de la France : il est heureux sous Louis XI,

Charles VIII, Louis XII et François Ier ; de riches rési-
dences s'élèvent de toutes parts, le logis Pincé, le logis
Barrault, le manoir du Plessis-Bourré, le château de
Brissac, élégants spécimens de l'architecture de la
Renaissance. La seconde partie du xvi° siècle n'a laissé
d'elle que des ruines : les guerres de religion sévissent
en Anjou plus cruellement qu'en aucune province.
Henri IV donne à la France quelques années de repos,
mais à sa mort éclate la guerre civile : Marie de Médicis
a sa cour à Angers ; un combat est livré aux Ponts-
de-Cé. Richelieu fait régner l'ordre, mais après lui la
Fronde replonge la France dans le chaos, et l'Anjou
ajoute à son histoire une page sanglante.

Enfin la monarchie l'emporte partout : l'Anjou a sa
part de gloire et de splendeur, mais souffre aussi des
vices de la royauté absolue ; une ville nouvelle prend
naissance, Cholet ; mais la révocation de l'édit de Nantes
ruine Saumur. Au xviii° siècle, la machine administra-
tive, si bien montée qu'elle soit, se disloque : l'abîme se
creuse entre les institutions et les mœurs, entre l'état
légal et l'état réel, entre le régime établi et l'opinion
publique ; l'aristocratie et la royauté même se laissent
mourir comme d'un lent suicide. Essayez de vous figurer
cette société, si voisine de nous, si nous comptons les
années, si éloignée, si nous pesons les faits. Allez voir à
Serrant ce qu'était un château au dernier siècle, à Fon-
tevrault ce qu'était une grande abbaye avec ses bâtiments
immenses et ses cinq églises, à Cunaud, à Toussaint, ce
qu'étaient les petits monastères.

L'Anjou accueillit avec joie les événements de 89 ;
malheureusement il fut un des pays où les conquêtes de
la Révolution furent le plus chèrement payées : c'est à

Saint-Florent qu'éclate l'insurrection vendéenne ; c'est à Saumur, à Cholet, à Beaupreau que les bataillons républicains heurtent les bandes royalistes, et que la terre s'engraisse de sang français. Un jour dirigez vos pas vers la roche de Mùrs, cette falaise de roc qui surplombe la Loire : là s'est passé un drame terrible : représentez-vous sur la roche deux bataillons parisiens, campés sans défiance, et là-bas dans le vallon, 12,000 Vendéens qui s'avancent masqués par les herbes épaisses ; tout à coup s'élève un cri d'angoisse : les Bleus, surpris, se voient assaillis de trois côtés et poussés à la baïonnette vers le gouffre béant ; chaque pas qu'ils font en arrière est un pas vers la mort ; bientôt le sol manque sous leurs pas, et les six cents républicains sont précipités dans le vide.

Si vous admirez le courage d'où qu'il vienne, allez à Saint-Florent, et visitez les tombeaux des chefs vendéens Bonchamp et Cathelineau. Vous les auriez combattus peut-être, mais vous auriez respecté de tels ennemis. Découvrez-vous devant eux, et contemplez longuement, dans le fond de l'église, Bonchamp blessé à mort et criant aux siens : « Grâce aux prisonniers, — Bonchamp l'ordonne. » Rappelez-vous qu'un de ces prisonniers était le père de David d'Angers, qu'il dut la vie à Bonchamp, et que la statue est de David.

Le département de Maine-et-Loire est l'héritier de cet Anjou dont l'histoire est si grande : il n'y a pas si longtemps encore que ses fils se dévouaient en foule, comme au temps de Dumnacus, pour la cause sacrée de la défense nationale. Mais le génie angevin ne s'est pas manifesté seulement sur le champ de bataille : vos ancêtres ont eu Jean Bodin, du Bellay, Ménage ; vos pères ont eu David d'Angers ; nous avons Lenepveu et Chevreul. Ayez le culte de ces gloires locales, aimez l'Anjou pour tout ce qu'il vous rappelle, comme vous aimez la France pour tout ce que ce mot dit à votre âme.

On répète souvent : « Heureux les peuples qui n'ont pas d'histoire ! » mais il n'y a que les sauvages qui n'aient pas d'histoire : en sont-ils plus heureux ? Un peuple civilisé qui n'aurait pas d'histoire serait un peuple sans mémoire et sans cœur, qui ne mériterait pas sa place au soleil. Vous plaignez l'enfant qui ignore le nom de son père, et quand vous songez à ces déshérités de la fortune, vous aimez plus encore votre toit et votre clocher, qu'importe si le toit est rustique et le clocher délabré. Un pays sans histoire ressemble à l'homme sans famille : rien ne le rattache au passé ; rien ne lui trace son chemin ; rien ne l'assure de l'avenir. Ce qui fait la patrie, ce n'est ni la race, ni la religion, ni la langue, c'est la communauté de souvenirs. Un peuple n'est grand que s'il a un renom à justifier, une œuvre à continuer, un drapeau à défendre..... ou une blessure à guérir ; le culte de ses grands hommes est pour la nation ce qu'est pour la famille le culte de ses morts. Vous aimerez votre pays d'autant mieux que vous connaîtrez son passé, avec ses gloires et ses souffrances ; vous serez d'autant plus dévoués au progrès que vous en aurez suivi le long enfantement. L'histoire n'est pas seulement un sujet d'étude pour vos esprits, c'est aussi la source vive où il faut retremper vos âmes, pour être prêts à tous les services que la France réclame de vous.

Vous donc qui demeurez ces deux mois en Anjou, apprenez à connaître le pays où vous êtes ; étudiez-le dans les livres, étudiez-le dans les ruines, qui sont aussi des textes ; intéressez-vous à sa vie, revivez son passé, et recueillez les grands souvenirs. Élèves du Lycée d'Angers, vous saurez un peu plus d'histoire. Enfants de l'Anjou, vous aurez plus d'amour pour votre pays.

4 août 1880.